fête des pères
2001
(Julie +
Audrey)

Est-ce que c'est Einstein qui a inventé Frankenstein?

Par Julian et Romain

Julian et Romain
Lasser-Stanké

stanké

Données de catalogage avant publication (Canada)

- Est-ce que c'est Einstein qui a inventé Frankenstein ?

ISBN 2-7604-0733-0

1. Enfants – Citations. 2. Enfants – Anecdotes I. Titre.

PN6328.C5S72 2000   084'.1'083   C00-940397-3

Les Éditions internationales Alain Stanké remercient le Conseil des Arts, le ministre du Patrimoine canadien et la Société de développement des entreprises culturelles pour leur soutien financier.

Nous reconnaissons l'aide financière du gouvernement du Canada par l'entremise du Programme d'Aide au Développement de l'Industrie de l'Édition (PADIÉ) pour nos activités d'édition.

ISBN 2-7604-0733-0

Dépôt légal: Bibliothèque nationale du Québec, 2000.

Les Éditions internationales Alain Stanké
615, boulevard René-Lévesque Ouest, bureau 1100
Montréal (Québec) H3B 1P5
Téléphone: (514) 396-5151
Télécopieur: (514) 396-0440
editions@stanke.com
www.stanke.com

IMPRIMÉ AU QUÉBEC (Canada)

Les enfants peuvent nous apprendre à profiter du temps qui passe plutôt qu'à regretter le temps qu'il fait.

C. Collange

Auto portrait

Jolian

1

Lorsqu'il joue au marchand, Julian s'amuse à peser des aliments sur une petite balance et à en annoncer le prix. Un jour, il s'installe sur celle de la salle de bain et demande le plus sérieusement du monde :

Maman, combien je coûte ?

– Dix-huit ans
est un âge difficile...

– Parce qu'il nous arrive plein de trucs:
On est majeur, on peut conduire une
voiture, on peut voter...

Ma copine

4

Mon autre copine

5

\- Je vais aller ranger
mes jouets
dans la salade à manger!

six

−Je veux aller montrer
à mon amie

Ma salade
de jeux!

7

Frankenstein

8

Un Français
de France

P

Romain cherchant partout sa
poussette :

où est

ma pissette ?

10

Laisse la lumière allumée toute la nuit.

Je n'aime pas quand la couleur noire rentre dans ma chambre.

11

12

13

Monsieur NoNo qui a
donné un
billet à Maman

NoNo

14

NoNo

NoNo

NoNo

NoNo

NoNo

NoNo

15

- Maman, quand tu étais petite, estce que tu étais petite fille ou petit garçon?

16

Les bébés grenouilles
s'appellent

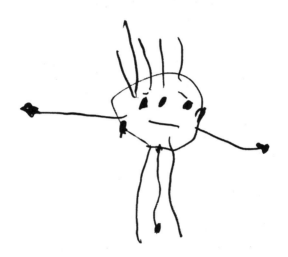

des pétards.

17

Pour son anniversaire, Julian reçoit deux fois le même cadeau. En remerciant l'un des donateurs, il ne peut s'empêcher de faire remarquer :

-J'ai reçu le même hier. Ce n'est pas grave car je vais le donner à mon père, il en a besoin pour son travail.

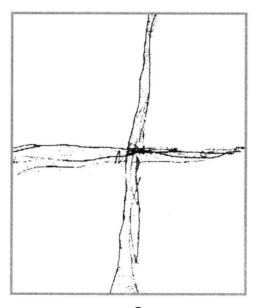

18

Mon père est parti se faire
une géographie des poumons
parce qu'il fume trop.

19

Oh regarde
un trotrolodile!

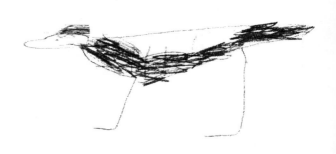

Souffrant d'une indigestion, Julian est
sur le point de vomir. Il hoquète :

Maman,
je vais mourir !

21

Un chien!

«C'est un bonbon au soleil

mais le soleil

a le goût du citron.»

23

- Moi, on m'appelle garçon la gaffe. Je renverse toujours tout !

24

Maman, as-tu vu
le 101 dalmatien
qui vient de passer?

25

Julian, je t'aime,

JuLiAN

et toi,
tu me t'aimes?

2d

Chacha,

je ne t'aime!

J'ái la casseratine
et mon frère
a la ravicelle.

Tout gêné, Romain tente d'étouffer
un rot :

« Oh, un petit pet
dans ma bouche! »

— Au fait, Est-ce qu'on

dit

treize heures et demie

ou

ennemie?

30

Aujourd'hui
à la garderie
on s'est bien amusé.

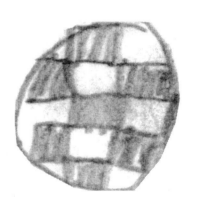

On a joué
au foutre.
31

-Oh regarde la belle étoile d'araignée.

-Aujourd'hui,

j'ai mangé

des

patates

pliées!

333

-Sais-tu comment cela s'appelle un pénis quand on est grand?

- Eh bien, cela s'appelle une vulve!

34

Tu sais comment mon Papy y s'appelle ? Eh bien, il s'appelle...

papy!

"Formes"   Romain

36

Monsieur de Maisonneuve

37

Je suis capable de parler plein de langues,

mais en français

par exemple !

38

Pourquoi quand on va au lit on doit se déguiser en bébé et le jour on s'habille en petit garçon ?

34

– Maman, j'aimerais bien avoir un autre petit frère.

– Pourquoi pas une petite sœur ?

– Parce que ça fera trop !

40

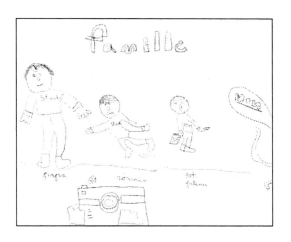

41

Là je vais mettre mon petit Jama puis après je vais aller me regarder dans le tiroir !

42

Imprudent, Romain vient d'échapper à la noyade :

— J'ai été enterré par l'eau !

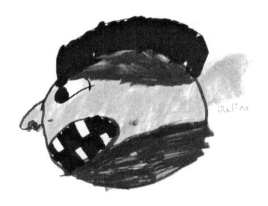

Croisant un groupe de religieuses
dans la rue, Julian demande :

En quoi elles sont
déguisées, les dames?

44

Le téléphone sonne au sous-sol.
Julian décroche en même temps que
sa maman, qui est à l'étage, et entend
sa voix. Il se précipite vers sa maman
et lance :

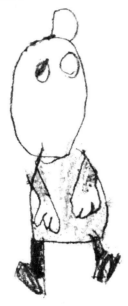

« Maman, c'est maman

au téléphone! »

45

- Je n'aime pas le fromage rose.

Je préfère le camen-vert.

4 d

- Je suis capable de faire
du chocolat chaud froid, moi!

47

48

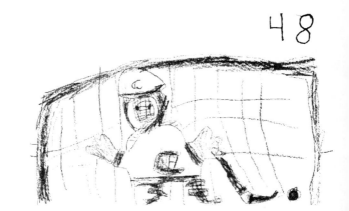

En général, lorsque Julian n'arrive pas à faire quelque chose, il s'énerve. Il soupire alors :

« Ah, c'est trop jeune pour moi ! »

Les méchants, on les met
sur des chaises électroniques!

50

Je suis occupé,

je regarde passer le ciel!

51

- J'ai la trouille.
- Tu as une citrouille ?
- Mais non, j'ai la trouille.
- C'est quoi la trouille ?

Ça se mange ?

Julian explique pourquoi il refuse de mettre ses sandales :

« Je veux être pas de pieds! »

Voyant un de ses amis entrer nu-pieds dans sa chambre, Julian s'exclame :

« Tu n'as pas emporté tes chaussettes, tu as apporté juste tes pieds ? »

54

-Pourquoi tes chaussettes
sont toutes mouillées?

-Parce qu'elles
ont transpiré.

55

Le docteur met des choses
dans les fesses pour les mesurer.

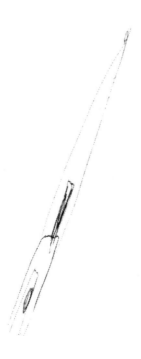

J'ai telephoné à Papy

mais il

n'était pas là.

C'était la gardienne
de ménage

qui m'a
répondu.

57

Un pirate

58

Tu dis que le petit
lézard est mort

parce que son coeur
a cessé de battre...

Pourquoi dans son
        ventre le coeur

il faisait la
            guerre ?

59

Un matin, Julian entend parler du nouveau Président des États-Unis à la radio :

-C'est dur d'être chef.

Moi aussi, je suis le chef à l'école
et des fois, mes gardes ne veulent
pas m'obéir. Ils préferent jouer.

– Moi, je vais donner dessous pour les pauvres enfants qui n'ont pas de sous.

– Pourquoi ils n'ont pas de sous ?

– ... C'est parce qu'ils ne vont pas à la banque ?

–Pourquoi tu veux pas acheter tout
ce que je veux?

– Parce que je n'ai pas
beaucoup de sous.

–Pourquoi, alors, tu ne veux pas
aller en chercher à la banque?

J'ai décidé de me marier avec Annick, qui est anglaise, quand on va avoir des bébés, est-ce qu'ils vont parler français ou anglais?

- Comment dit-on s'il vous plaît
  en anglais ?
- Merci !

65

Je sais qu'on joue à la guerre
mais je trouve que tu exagères.
Arrête de me tuer !

66

- Moi je sais ce que c'est
que d'être aveugle.

Quand on est aveugle,
on voit
seulement le noir.

67

Oh qu'elle est belle
cette maison
mais on ne peut pas l'acheter.

Les maisons,
c'est trop lourd!

68

69

—Est-ce que le ciel va être
éteint en noir à six heures du soir?

Romain a prêté son pull-over à un petit camarade algérien qui le lui rend quelques heures plus tard :

« Mon chandail sent l'Algérie ! »

71

Ils auraient dû inventer des biscottes
et du beurre portatits pour les pauses
de soccer!

Moi, j'aime les dessins allumés!

73

Le corbeau et

le renard

74

Hein, maman, les garçons
sont plus malin que les filles?

Alors, le chat botté, c'est une fille
ou un garçon?

– Comment on dit un chien en anglais ?

– Un dog

– Et un chat ?

– Miaou !

77

À l'hôpital, le médecin m'a attaché les mains et les pieds et il avait un truc dans les oreilles comme dans l'avion pour écouter la musique. Mais lui, il a écouté mon ventre !

78

-Est-ce que le
courant est revenu?

– C'est quoi le courant ?

-Ben... c'est
le courant d'air.

79

–C'est vraiment stupide, Maman, qu'il faut que tu payes pour le titre d'orthophoniste. Nous, on paye pas pour avoir le titre d'élève.

ÉCOLE INTERNATIONALE
DE MONTRÉAL
1993-1994

BRAVO

décerné à

Julian

par

Raymonde Lajeunesse

titulaire

80

81

C'est vrai l'horoscope car il dit
que les Balances sont diplomates.
Moi, il paraît que je suis balance.
C'est normal j'ai beaucoup de
diplômes!

Tu sais, des chiffres, ils en inventent
encore. Le dernier qu'ils ont inventé
ne va servir à rien car il va être
tellement énorme...

1000000000000
00000000000000
000000000000
0000000000000
00000000000
000000000000
84

0 0 0 0 0 0 0 0 0 0
0 0 0 0 0 0 0 0 0 0
0 0 0 0 0 0 0 0 0 0 0
0 0 0 0 0 0 0 0 0 0
0 0 0 0 0 0 0 0 0 0
0 0 0 0 0 0 0 0 0 0 0

qu'on aura besoin

de plein de pages pour l'écrire!

85

Le petit prince

86

-J'aimerais que
tout à l'heure
soit tout de suite!

L'enseignante a demandé à Romain
de mettre ses initiales sur son devoir.

Ça y est:

J'ai mis mes amygdales

sur ma feuille!

Ho! j'en ai marded'écrire!!!...

89

Achevé d'imprimer chez
MARC VEILLEUX IMPRIMEUR INC.,
à Boucherville,
en juin 2000